BEI GRIN MACHT SICH IHR WISSEN BEZAHLT

AF140780

- Wir veröffentlichen Ihre Hausarbeit,
  Bachelor- und Masterarbeit

- Ihr eigenes eBook und Buch -
  weltweit in allen wichtigen Shops

- Verdienen Sie an jedem Verkauf

Jetzt bei www.GRIN.com hochladen
und kostenlos publizieren

Bibliografische Information der Deutschen Nationalbibliothek:

Die Deutsche Bibliothek verzeichnet diese Publikation in der Deutschen National-
bibliografie; detaillierte bibliografische Daten sind im Internet über http://dnb.d-
nb.de/ abrufbar.

Impressum:

Copyright © 2010 GRIN Verlag
Druck und Bindung: Books on Demand GmbH, Norderstedt Germany
ISBN: 9783668783515

Dieses Buch bei GRIN:

https://www.grin.com/document/436428

Nina Kelli

Die Persönlichkeit und das Frauenbild von König Heinrich VIII.

GRIN Verlag

GRIN - Your knowledge has value

Der GRIN Verlag publiziert seit 1998 wissenschaftliche Arbeiten von Studenten, Hochschullehrern und anderen Akademikern als eBook und gedrucktes Buch. Die Verlagswebsite www.grin.com ist die ideale Plattform zur Veröffentlichung von Hausarbeiten, Abschlussarbeiten, wissenschaftlichen Aufsätzen, Dissertationen und Fachbüchern.

Besuchen Sie uns im Internet:

http://www.grin.com/

http://www.facebook.com/grincom

http://www.twitter.com/grin_com

1. Einleitung:

In meiner Facharbeit beschäftige ich mich mit der Persönlichkeit und dem Frauenbild des englischen Königs Heinrich VIII.

Nicht erst seit der Studienfahrt nach London bin ich ein großer England-Fan. Daneben interessiere ich mich auch sehr für historische Themen. Was lag da also näher, als für meine Facharbeit beide Interessengebiete miteinander zu verbinden?

Auslöser für meine Themenwahl war wohl die seit dem Sommer auf Arte ausgestrahlte amerikanische Fernsehserie 'Die Tudors' von Michael Hirst aus den Jahren 2007-2010, die das Leben Heinrichs VIII. darstellt. Daneben habe ich mehrere Bücher gelesen, die sich mit der Tudor-Zeit im Allgemeinen und den sechs Ehen des Königs beschäftigen. Das Internet und das Magazin für Geschichte 'P.M. History' lieferten mir weitere Informationen.

Ich versuche herauszufinden, ob das Frauenbild König Heinrichs VIII. Dem allgemeinen Frauenbild der damaligen Zeit entsprach und ob sein Verhältnis zu Frauen als frauenfeindlich anzusehen ist. Um diese Frage beantworten zu können, befasse ich mich mit der Veränderung von Heinrichs Persönlichkeit und Wesen im Laufe seines Lebens. Außerdem stelle ich die sechs Ehefrauen vor und betrachte hierbei das jeweilige persönliche Verhältnis zwischen ihnen und Heinrich.

2. Heinrich VIII.

2.1. Familie und Abstammung:

Die Familie Tudor war ein walisisches Adelsgeschlecht, das von 1485 bis 1603 auf dem englischen Königsthron regierte.

Der Vater Heinrichs, König Heinrich VII., war der erste König der Tudor-Dynastie. In der Schlacht von Bosworth Field besiegte er als Oberhaupt der Partei des Hauses Lancaster 1485 den letzten König des Hauses York, Richard III.

1486 heiratete er Elisabeth, die Tochter des verstorbenen Königs Edward IV.

Das Königspaar hatte sieben Kinder. Heinrich VIII. war ihr zweitältester Sohn. Er wurde im Jahr 1502 offizieller Thronfolger, nachdem sein älterer Bruder Arthur starb und seine ältere Schwester als Mädchen in der Thronfolge unberücksichtigt blieb. Heinrich VIII. wurde nach dem Tod seines Vaters im Jahr 1509 zum König gekrönt.

2.2. Seine Person:

Heinrich wurde am 28. Juni 1491 als drittes von sieben Kindern des englischen Tudor-Königs Heinrich VII. in Greenwich bei London geboren, dem er nach dessen Tod auf den englischen Thron nachfolgte.

Der junge König galt als sehr gebildet und den angenehmen Seiten des Lebens zugetan. Er sprach mehre Sprachen, spielte mehrere Musikinstrumente und war ein sehr guter Reiter, Jäger, Tennisspieler und Fechter. Außerdem war er sehr religiös. Intellektuelle und Regierende in Europa versprachen sich von seiner Regentschaft einen politischen, wirtschaftlichen und kulturellen Aufschwung für England und ganz Europa. Ihre Erwartungen wurden in den folgenden Jahren aber enttäuscht, als sich Heinrich immer weniger um das Wohl des Landes kümmerte und hauptsächlich nur noch damit beschäftigt war, die geeignete Frau zu finden, die ihm den ersehnten Thronfolger schenken würde.

Da zur damaligen Zeit nur männliche Nachkommen Zugang zur Thronfolge hatten, ging er immer eine neue Ehe ein, sobald er sich sicher zu sein glaubte, dass ihm seine jeweilige Ehefrau keinen Sohn würde gebären können.

Die ständige Sorge um den eigenen Machterhalt, die Auseinandersetzungen mit dem Papst und den europäischen Monarchen, aber auch die fortwährenden Intrigen am Hof und sein ausschweifender Lebensstil forderten ihren Tribut. Heinrich wurde zu einem alten, schwerkranken und übergewichtigen Herrscher, der durch jähzornige und unbeherrschte Ausbrüche seine Umwelt gegen sich aufbrachte.

Aus historischer Sicht bedeutsam war Heinrichs Bruch mit dem Papst, weil dieser sich weigerte, Heinrichs Ehe mit Katharina von Aragon für nichtig zu erklären. 1534 proklamierte er sich selbst zum Oberhaupt der neuen anglikanischen Kirche von England. Auf diesen Aspekt seines Lebens werde ich im nächsten Teil der Arbeit noch näher eingehen.

Heinrich VIII. starb nach langer Krankheit am 28. Januar 1547 in London.

2.3. Seine politische Bedeutung:

Während seiner Regentschaft versuchte Heinrich VIII. durch mehrere Feldzüge die zuvor verlorenen englischen Festlandsgebiete auf dem europäischen Kontinent zurück zu erobern, was ihm allerdings nicht gelang. Besonders die Schlacht in Frankreich verlief letztendlich erfolglos.

Von den Feldzügen abgesehen war Heinrich kaum an politischen Vorgängen interessiert. Die wesentlichen innenpolitischen Entscheidungen überließ er seinem engsten Berater Kardinal Thomas Wolsey. Heinrichs Hauptaugenmerk galt dem Machterhalt für seine Dynastie, wodurch die Frage nach der Thronfolge und der Ehe des Königs besondere Bedeutung erlangte.

Im Laufe von Heinrichs Regierungszeit wuchs die Unzufriedenheit des Volkes mit der katholischen Kirche. Gründe dafür waren zum Beispiel eine unzureichende Seelsorge und die Geldgier zahlreicher Kirchenvertreter. Ihren Höhepunkt erreichten die kirchenkritischen Äußerungen 1529, als Londoner Kaufleute und Juristen ihren Unmut an der Kirche sogar in einem förmlichen Parlamentsbeschluss zum Ausdruck brachten.

1530 klagte Heinrich VIII. alle englischen Geistlichen wegen angeblicher Zuwiderhandlungen gegen das Kirchenrecht an. Überdies stellte er Überlegungen an, dass er als weltlicher Herrscher in England eigentlich auch als Oberhaupt der englischen Kirche zu gelten habe.

Aber nicht allein die öffentliche Kritik an der Kirche war Anlass für Heinrichs Vorgehen, sondern er wollte damit auch eine persönliche Rechnung begleichen:

Heinrichs Ehefrau Katharina von Aragon hatte bis dahin keinen männlichen Nachkommen zur Welt gebracht und würde wegen ihres fortgeschrittenen Alters von über 40 Jahren wohl auch nicht mehr schwanger werden. Dies war für Heinrich ein Grund, die Ehe beenden zu wollen. Eine Scheidung war nach katholischem Recht aber unmöglich. In den Schriften der Bibel glaubte er eine Lösung seines Problems gefunden zu haben. Danach war eine Ehe mit der Witwe des eigenen Bruders von vornherein ungültig. Katharina war jedoch bis zu dessen Tod mit Heinrichs älterem Bruder verheiratet. Heinrich ersuchte deshalb den Papst, die Ehe mit Katharina für ungültig zu erklären. Dies lehnte der Papst mit Hinweisen auf das Kirchenrecht ab.

Im Jahr 1534 kam es zum endgültigen Bruch mit der katholischen Kirche. Der König ließ sich vom Parlament die sogenannte *Suprematsakte* absegnen, eine Verfügung, nach der der englische König kraft seines Amtes zugleich auf Lebenszeit zum Oberhaupt der englischen Kirche erklärt wurde.

Nach dem Bruch mit Rom wechselte Heinrich aber nicht auf die Seite der Protestanten. Er setzte die anglikanische Kirche als englische Staatskirche ein, besiegelte damit die Abspaltung der englischen Kirche von der römisch-katholischen Kirche, bekämpfte gleichzeitig aber auch die protestantischen Umtriebe, die unter dem Eindruck der zeitgleich in Deutschland stattfindenden Reformation nach England übergegriffen hatten.

In den folgenden Jahren gab es weitgehende Änderungen der bisherigen Kirchenlehre, die zu massivem Widerstand vieler Geistlicher führten. Zahlreiche Mönchsorden lehnten die anglikanische Kirche ab und warfen dem König vor, seine Geliebte Anne Boleyn geheiratet zu haben, ohne jemals von Katharina von Aragon offiziell geschieden worden zu sein.

Heinrich ließ eine Vielzahl von Orden gewaltsam auflösen; die Ländereien und Besitztümer der Kirche fielen der Krone zu. Aber nicht nur die Ordensgeistlichen protestierten gegen die neue Ordnung, auch viele Priester und Bischöfe, unter ihnen auch der Theologe und königliche Kanzler Thomas More (lat. Thomas Morus), lehnten den Eid auf das Supremat, also die Anerkennung des Königs als Kirchenoberhaupt ab.

1536 bildete sich sogar ein bewaffneter Pilgerzug, der gegen den König aufbegehrte. Heinrich täuschte Verhandlungsbereitschaft vor, sodass sich der Protestmarsch der Pilger auflöste, ließ aber stattdessen die Teilnehmer vor Gericht stellen und hinrichten.

3. Die Frauen Heinrichs VIII.

3.1. Katharina von Aragon (1485-1536):

Heinrichs Vater wollte seinen Sohn mit Katharina von Aragon verheiraten, der Tochter des spanischen Königs Ferdinand, um so das Bündnis Englands mit Spanien zu sichern. Katharina war allerdings die Witwe von Heinrichs älterem Bruder Arthur. Da das geltende Kirchenrecht die Eheschließung mit der Witwe des Bruders nicht erlaubte, ließ sich Heinrich VII. von Katharina bezeugen, dass die Ehe mit Arthur nur auf dem Papier bestanden habe und tatsächlich nie vollzogen wurde, Katharina also noch jungfräulich in die Ehe mit Heinrich VIII. gehen würde.

Heinrich nahm Katharina zur Frau und erfüllte damit den letzten Willen seines am 21. April 1509 verstorbenen Vaters.

Katharina war als Königin von England und als Fürstin von Wales beim Volk sehr angesehen und das Königspaar erfreute sich in der englischen Gesellschaft großer Beliebtheit. Nach einer Totgeburt im Jahr 1510 gebar Katharina am Neujahrstag 1511 einen Sohn, der aber nach wenigen Wochen starb. Es folgte eine weitere Totgeburt und dann wiederum die Geburt eines Sohnes, der ebenfalls früh starb.

Im Februar 1516 brachte Katharina im Palast von Greenwich ihre Tochter Mary zur Welt, die später als Maria I. Königin von England werden sollte. 1518 folgte eine erneute Fehlgeburt.

Heinrich fürchtete, dass seine Ehe ohne einen männliche Thronfolger eine göttliche Strafe für die Heirat mit der Witwe seines Bruders sei. Er war überzeugt, dafür in der Bibel eine Bestätigung gefunden zu haben, wonach der Mann, der die Witwe seines Bruders zur Frau nimmt, kinderlos bleibt (3. Mose / Leviticus 20, 21)

Um 1517 kam mit Elizabeth Blount eine neue Hofdame an den Königshof. Sie wurde Heinrichs Geliebte und brachte im Juni 1519 einen Jungen, Henry Fitzroy, zur Welt, der allerdings keinen Anspruch auf den Thron hatte.

Einige Jahre später ging Heinrich eine Beziehung mit Anne Boleyn, einer weiteren Hofdame, ein. 1533 vollzog er auch die tatsächliche Trennung von Katharina, die er des Hofes verwies und in ein abgelegenes Landgut verbannte, wobei er ihr jeden Kontakt zu sich und der gemeinsamen Tochter Mary verbot.

Katharina von Aragon starb im Januar 1536.

3.2. Anne Boleyn (1507-1536):

Heinrich begann 1520 eine Affäre mit Mary Boleyn. Diese Liebschaft beendete er allerdings ein paar Jahre später, weil er sich in ihre Schwester Anne verliebte und diese zu seiner Mätresse nahm.

Anne war aber nicht daran interessiert, lediglich die heimliche Geliebte des Königs zu werden, sondern strebte vielmehr danach, selbst einmal zur Königin gekrönt zu werden. Heinrich warb sehr intensiv um Annes Gunst und war bereit, sie zur Frau zu nehmen.

1531 stellte er sie der Bevölkerung bereits als neue Königin vor. Zu diesem Zeitpunkt stand aber offiziell noch Katharina von Aragon als Königin an seiner Seite. Wie bereits erwähnt kam eine Scheidung nach kirchlichem Recht nicht infrage. Heinrich versuchte deshalb den Papst zur Annullierung der Ehe mit Katharina zu bewegen, was dieser - auch aus politischer Rücksicht auf Frankreich und und Kaiser Karl V., dem Neffen Katharinas – ablehnte. Heinrich VIII. nahm Anne Boleyn am 25. Januar 1533 gegen den Protest der Kirche und trotz gültiger erster Ehe dennoch zur Frau. Zwei Monate später später ließ er die Ehe durch das Parlament für gültig erklären.

Am 7. September 1533 brachte Anne ihre erste Tochter, Elizabeth, zur Welt, die später erste Königin von England wurde. Maria, die Tochter aus der Ehe mit Katharina, wurde für unehelich erklärt und verlor - bis zum Widerruf dieser Erklärung - vorübergehend ihren Thronanspruch.

Nachdem Elizabeth geboren worden war, schwächte sich Heinrichs Zuneigung zu Anne stark ab. Weiterhin blieb der ersehnte Thronfolger aus. Annes zweite Schwangerschaft wurde eine Fehlgeburt, daher empfand Heinrich Anne zunehmend als eine Belastung.

Im Jahr 1534 ereignete sich ein Vorfall, über den drei mögliche Verläufe angenommen werden:

1. Anne gab wider besseres Wissen vor, schwanger zu sein,
2. sie redete sich aus lauter Verzweiflung eine Schwangerschaft ein,
3. sie erlitt eine erneute Fehlgeburt.

Es ist heute unklar, welcher Verlauf sich tatsächlich zugetragen hat.
Nachgewiesen ist allerdings, dass Anne 1536 bei einer Fehlgeburt einen Sohn, somit den möglichen Thronfolger, verlor.

Durch dieses Ereignis büßte sie auch noch die letzte Zuneigung des Königs ein. Heinrich suchte einen Weg, sich ihrer zu entledigen. Er ließ das Gerücht verbreiten, seine Frau sei ihm untreu geworden, ließ falsche Zeugen auftreten und klagte Anne im Mai 1536 des Ehebruchs an. Sie wurde schuldig gesprochen und am 15. Juni 1536 hingerichtet.

3.3. Jane Seymour (1509-1537):
Nach dem Tod Anne Boleyns war Heinrich wieder frei, eine neue Ehe einzugehen. Er heiratete Jane Seymour, eine Hofdame, die schon zu Lebzeiten Annes seine Geliebte war. In York sollte Jane zudem zur katholischen Königin gekrönt werden.
Trotz der nur kurzen Dauer war es wohl eine glückliche Ehe, nicht zuletzt aber auch deshalb, weil Jane Seymour kaum Interesse an einer herausgehobenen königlichen Stellung hatte und sich ganz den Entscheidungen und Bedürfnissen ihres Ehemannes unterordnete.
Jane brachte 1537 einen Sohn zur Welt, der aber nur 15 Jahre alt wurde. Jane starb nur wenige Tage nach der Geburt des Kindes an hohem Fieber.

Im Laufe der Zeit litt Heinrich VIII. zunehmend an extremen Stimmungsschwankungen. Er wurde häufig jähzornig und traf viele Entscheidungen rein willkürlich. Er misstraute den meisten Angehörigen des königlichen Hofes, fürchtete Verschwörungen gegen seine Person. Nur noch wenige Menschen seines engeren Umfeldes genossen sein Vertrauen, darunter der Kanzler Thomas Cromwell.

3.4. Anna von Kleve (1515-1557):

Thomas Cromwell war es auch, der Heinrich drängte, sich nach dem frühen Tod Jane Seymours bald wieder zu verheiraten.

Aus außenpolitischem Kalkül schlug er die deutsche Protestantin Anna von Kleve vor. Mit dieser Heirat sollten die Beziehungen Englands zum Herzogtum Kleve gesichert werden.

Von einem ersten heimlichen Treffen der Brautleute wurde Heinrich allerdings enttäuscht: Anna sprach kein Englisch, war sehr streng erzogen, konnte weder singen noch tanzen und entsprach so überhaupt nicht seinen Vorstellungen von einer guten Gesellschafterin. Dennoch willigte er aus Rücksicht auf die politische Bedeutung dieser Verbindung in die Ehe ein und heiratete Anna am 6. Januar 1540.

Schon kurz nach Beginn dieser vierten Ehe begann Heinrich VIII. eine Liaison mit einer der Hofdamen seiner Gemahlin, Katherine Howard. Da die Ehe nur aus politischen Erwägungen geschlossen wurde, eine persönliche Zuneigung zwischen Anna und Heinrich sich aber nicht einstellte und die Ehe auch letztlich nie vollzogen wurde, beschloss der König schon im Juli 1540, sich wieder scheiden zu lassen.

Er vererbte Anna beträchtliche Ländereien und sicherte ihr auf Lebenszeit eine großzügige finanzielle Unterstützung zu. Anna von Kleve verließ den Königshof, blieb aber in England und wurde vom König mit dem Titel einer Herzogin ausgestattet und offiziell zur ranghöchsten Frau des Landes ernannt.

Der Widerwille Heinrichs gegen die ihm von Cromwell aufgedrängte Ehe mit Anna von Kleve war - neben theologischen Differenzen mit dem Protestanten Cromwell - ein Grund dafür, dass der Lordkanzler des Hochverrats und der Ketzerei angeklagt und hingerichtet wurde.

3.5. Katherine Howard (1521/1525-1542):

Heinrichs fünfte Ehefrau war zugleich seine jüngste. Katherine Howard war bei der Eheschließung erst etwa 16-17 Jahre alt. Verglichen mit ihrer biederen 'Vorgängerin' war sie schön und energisch, was dem mittlerweile in die Jahre gekommenen Monarchen gefiel. Der König heiratete sie am 28. Juli 1540, dem Tag, an dem Thomas Cromwell hingerichtet wurde, worin eine posthume Demütigung Cromwells zu sehen ist.

Die junge Ehefrau Katherine hatte große Schwierigkeiten, am Hof Fuß zu fassen. Sie litt unter den Launen ihres Ehemannes und wurde wegen des großen Altersunterschiedes von den königlichen Höflingen nie wirklich anerkannt. Während ihrer Ehe hatte Katherine eine Affäre mit ihrem Cousin Thomas Culpepper. Diese und weitere voreheliche Liebschaften nahm Heinrich später zum Anlass, Katherine wegen Ehebruchs anzuklagen. Sie wurde zum Tode verurteilt und am 18. Februar 1542 enthauptet.

3.6. Catherine Parr (1512-1548):

Sie war die sechste und letzte Ehefrau Heinrichs VIII. Die Hochzeit fand am 12. Juli 1543 statt.

Catherine verstand sich mit inzwischen kranken Ehemann gut. Sie wurde von Heinrich beauftragt, die Staatsgeschäfte zu führen, während er gegen Frankreich in den Krieg zog. Daneben legte sie im Unterschied zu ihren Vorgängerinnen großen Wert darauf, sich selbst um die Versorgung und Erziehung von Heinrichs Kindern zu kümmern und diese nicht, wie sonst üblich, Hofdamen und Gouvernanten zu überlassen.

Ihre religiösen Ansichten waren dem Bischof Stephen Gardiner suspekt, daher drängte er Heinrich, sie der Ketzerei zu beschuldigen. Heinrich gab dem Drängen ohne nennenswertem Widerstand nach. Catherine bat jedoch um Gnade und blieb so von Haft und Hinrichtung verschont.

Heinrich starb im Januar 1547. Catherine Parr heiratete anschließend Thomas Seymour, einen Bruder von Heinrichs dritter Ehefrau Jane, in den Catherine bereits vor ihrer Ehe mit Heinrich verliebt war.

Catherine starb 1548 bei der Geburt ihrer Tochter Mary.

Ein zeitgenössischer englischer Reim beschreibt die sechs Ehen Heinrichs VIII. wie folgt:

'Divorced, beheaded, died, divorced, beheaded, survived'
('Geschieden, geköpft, gestorben, geschieden, geköpft, überlebt')

Heinrichs sehnlichster Wunsch, ein Sohn möge ihm auf dem Thron nachfolgen, erfüllte sich nur kurz. Zwar wurde der junge Edward Tudor, der Sohn, den ihm Jane Seymour geboren hatte, neuer König von England. Er starb aber bereits im Alter von 15 Jahren. Er machte den Thron frei für Mary, die Tochter von Katharina von Aragon. Diese ging wegen ihres rücksichtslosen Vorgehens gegen die englischen Protestanten als 'Bloody Mary' in die Geschichte ein.

Nach ihr wurde die Tochter von Anne Boleyn Königin. Unter ihrer Herrschaft stieg England zur Großmacht auf. Nicht ein Sohn Heinrichs erhielt die Macht der Tudors, sondern Königin Elizabeth I. avancierte zur mächtigsten Frau Europas der frühen Neuzeit.

4. Das Frauenbild...

4.1. ...im England des 16. Jahrhunderts im Allgemeinen:

Zur damaligen Zeit war es allgemein üblich, dass sich die Frauen den Männern, das heißt ihren Vätern, ihren älteren Brüdern und ihren Ehemännern unterordnen und sich ihren Entscheidungen beugen mussten.

Nicht mehr ganz so extrem wie im Mittelalter standen sie aber dennoch quasi unter der Vormundschaft des Vaters oder Ehemannes. Er schützte sie zwar gegen Übergriffe von außen, bestimmte aber auch ihr Leben im Innenverhältnis, im äußersten Fall auch bis zur körperlichen Züchtigung.

Frauen verfügten über kein eigenes Vermögen und praktisch keine schulische Bildung, waren also in jeder Beziehung von Männern abhängig.

Ihre Hauptaufgabe bestand darin, für Nachkommen zu sorgen, diese aufzuziehen und sich um die häuslichen Belange zu kümmern. Politische und wirtschaftliche Fragen waren ausschließlich Angelegenheiten der Männer.

In gesellschaftlich höher gestellten Bevölkerungsschichten, in denen Haushalt und Kindeserziehung von Bediensteten erledigt wurden, beschränkte sich die Aufgabe der Frauen oft nur darauf, dem angesehenen Ehemann als 'schmückendes Beiwerk' und als Gesellschafterin zu dienen.

Eine Entfaltung der eigenen Persönlichkeit oder die Verwirklichung eigener Ambitionen war damit für die Frauen kaum oder gar nicht möglich.

Überdies war es - zumindest in Adelskreisen - keine Seltenheit, wenn sich der Ehemann während der Schwangerschaft seiner Frau eine Mätresse, also eine Geliebte, zulegte, solange seine Frau ihm seine körperlichen Bedürfnisse nicht erfüllen konnte. Oft suchte die Ehefrau die passende Frau aus (zum Beispiel eine Verwandte oder Hofdame), damit sie wusste, wer die Geliebte sein würde. Dieses die eigene Person herabwürdigende Verhalten wurde von den Frauen hingenommen, oftmals wurde es ihnen von den Vätern oder Ehemännern als normaler Vorgang dargestellt, den man zu erdulden hatte.

Zudem war es nicht unüblich, dass eine Tochter aus dem höheren Stand von der Familie verstoßen werden konnte, wenn sie einen nicht standesgemäßen Mann heiratete, ohne vorher um Erlaubnis gefragt zu haben.

Im umgekehrten Fall wurde ein Mann, der eine Frau aus niedrigerem Stand ehelichte, bestenfalls belächelt. Auch eine Ehefrau, die sich gegen den Ehemann auflehnte, die der ihr zugewiesenen Rolle nicht entsprach oder - aus der Sicht des Mannes - Schande über Familie gebracht hatte, konnte verstoßen werden, ohne dass der Ehemann deshalb rechtliche Nachteile hätte befürchten müssen.

Nicht nur in England wurden in der damaligen Zeit die Nachkommen von Königen, hohen Adelsfamilien und politisch einflussreichen Personen aus politischen, oft auch militärpolitischen Erwägungen verheiratet. Oft wurden Ehen schon im Kindesalter angebahnt; die Kinder wurden einander gegen entsprechende Gegenleistungen der Eltern versprochen. Bei diesen Verheiratungen hatten die Kinder kein Mitspracherecht. Aber auch in niedrigeren Ständen bestimmten häufig die Eltern aus finanziellen und wirtschaftlichen Gründen, wie die eigenen Kinder einmal nutzbringend verheiratet werden sollten.

4.2. ...Heinrichs VIII. im Besonderen:

Heinrich sah sich in seinen sechs Ehen den Frauen in jeder Beziehung übergeordnet.

Er erwartete von ihnen, seine Befehle und Entscheidungen still auszuhalten und sich nicht dagegen aufzulehnen. Entfaltung ihrer eigenen Interessen und Persönlichkeiten, Mitspracherecht und Gleichberechtigung waren für seine Ehefrauen undenkbar.

Katharina von Aragon stellte sowohl für die damalige Zeit als auch für Heinrich die ideale Ehefrau dar. Sie verhielt sich stets ihrem Ehemann gegenüber zurückhaltend, demütig und loyal. Katharina klagte auch nie über die Liebschaften Heinrichs mit den Hofdamen. Sie ordnete sich ihm völlig unter und war ihm selbst dann noch treu ergeben, als er sich schon mit Anne Boleyn zeigte und diese als die künftige Königin in die Gesellschaft am Hof einführte.

Anne Boleyn wiederum war das ganze Gegenteil. Sie bestach durch ihre Intelligenz, ihren Humor und ihre Schlagfertigkeit. Dies war ungewöhnlich und unüblich in einer Zeit, in der Frauen häufig nicht einmal lesen und schreiben konnten und vertrug sich so gar nicht mit den Erwartungen an eine sich unterordnende Ehefrau. Ihr Bestreben, nicht nur Mätresse zu sein, sondern Königin zu werden, zeigte ihre Zielstrebigkeit und ihren Stolz. Anders als Katharina war Anne unzufrieden mit Heinrichs Affären und kritisierte ihn dafür auch deutlich.

Vielleicht übte aber auch gerade dieses Unangepasstsein einen besonderen Reiz und eine gewisse Herausforderung auf Heinrich aus, der sie trotz ihres widerspenstigen Wesens zur Königin machte.

Letztlich konnte aber auch ihr großes Selbstbewusstsein das Ende auf dem Schafott nicht verhindern.

Jane Seymour, die dritte Ehefrau, passte wiederum in das damalige Frauenbild. Mit ihr kehrte nach der turbulenten Ehe mit Anne Boleyn wieder mehr Ruhe in der königlichen Familie ein. Obwohl Jane auch als willensstark galt, trat sie sehr zurückhaltend und ihrem Ehemann gegenüber unterwürfig auf. Sie konzentrierte sich darauf, das königliche Familienleben harmonisch zu gestalten und richtete ihr ganzes Dasein an ihrem Motto aus, 'zum Gehorchen und Dienen bestimmt'. Durch die Geburt des einzigen Sohnes erwarb sie Heinrichs besondere Zuneigung.

Die Ehefrauen vier und fünf, Anna von Kleve und Katherine Howard, konnten in ihren nur kurzen Ehen keine nennenswerten Akzente setzen. Heinrich heiratete Anna nur aus politischen Gründen, ohne ihr jemals persönlich zugetan gewesen zu sein und Katherine Howard war schlichtweg zu jung und naiv, um den höfischen Intrigen gewachsen zu sein. Ihre Unerfahrenheit bezahlte sie schließlich mit dem Leben.

Die letzte Ehefrau Catherine Parr fällt im Vergleich zu ihren Vorgängerinnen durch eine Besonderheit auf. Als Einzige gewährte ihr Heinrich Zugang zu seinen Amtsgeschäften und setzte sie quasi als seine Statthalterin ein, während er mit seinen Soldaten gegen Frankreich zu Felde zog.

Es stellt sich hierbei die Frage, ob Heinrich hier nur aus praktischen Überlegungen handelte - seine Frau würde schon in seinem Sinne regieren - oder ob sich seine Einstellung zu Frauen allgemein oder zu seiner Ehefrau im Besonderen mit seinem zunehmenden Alter und fortschreitender Erkrankung änderte und er ihr deshalb diese Kompetenzen übertrug.

4.3. Ein Vergleich:

Auf den ersten Blick entsprach Heinrichs Frauenbild der seinerzeit üblichen gesellschaftlichen und sozialen Stellung der Frauen.

Allerdings ging Heinrich meiner Meinung nach noch einen Schritt weiter.

Seine Frauen wurden zum Spielball seiner eigenen Befindlichkeiten und Launen. So nahm er sich das Recht, seine Ehefrauen je nach Stimmungslage und Kalkül zu erhöhen oder zu erniedrigen und sich von ihnen auf verschiedene Weise wieder zu trennen, wenn er ihrer überdrüssig wurde oder die Ehe nicht mehr seinen Erwartungen entsprach.

Zeitlebens war sein Augenmerk darauf gerichtet, seiner Dynastie die Macht dadurch zu sichern, dass er einen männlichen Thronfolger bekam. Damit lässt sich erklären, warum seine Ehen meist nur kurz waren und schnell aufeinanderfolgten. Heinrich versuchte mit aller Macht einen Sohn zu bekommen. Gelangte er jedoch zu der Überzeugung, dass seine gegenwärtige Ehefrau ihm diesen Wunsch nicht oder nicht schnell genug erfüllen konnte, suchte er eine Gelegenheit, sich seiner Ehefrau zu entledigen.

In der Wahl der Mittel war er dann nicht zimperlich. War eine Scheidung oder einvernehmliche Trennung nicht möglich, streute er Gerüchte, seine Frau habe ihn verraten oder betrogen oder er ließ sie unter einem Vorwand anklagen und hinrichten. Noch während der Ehen sah er sich bereits am Hofe nach einer für seine Zwecke geeigneten Nachfolgerin um, begann eine Liaison und sorgte so für einen - aus seiner Sicht - reibungslosen Übergang von einer Ehe zur nächsten.

Auch wenn in der damaligen Zeit immer wieder wirtschaftliche, politische oder gesellschaftliche Erwägungen zu Eheschließungen führten und die 'richtige' Frau für Aufstieg oder Fall ihres Gatten von Bedeutung sein konnte, auch wenn Frauen sich in der Regel mit der Rolle als Mutter und abhängige Ehefrau begnügen mussten, so waren Ehen dennoch keine reinen Zweckgemeinschaften.

Hingegen war bei Heinrich VIII. von echter Liebe zu seinen Gemahlinnen wenig zu spüren. Sie waren nicht mehr als schmückendes Beiwerk, Mittel zu Befriedigung seiner Bedürfnisse und zum Zweck des Machterhalts. Es erging ihnen ähnlich wie politischen Widersachern des Königs. Sie wurden fallengelassen und ersetzt, wenn sie ihren Zweck erfüllt hatten oder unbrauchbar geworden waren.

5. Schlusswort:

War Heinrich VIII. mit seinem in meiner Arbeit dargestellten Verhalten nun frauenfeindlich und sexistisch eingestellt? Oder war er nur ein Kind seiner Zeit, das sich in seinem Verhalten nicht wesentlich von dem seiner Zeitgenossen unterschied?

Aus heutiger Sicht und verglichen mit der heutigen Stellung der Frau in der modernen westlich-europäischen Gesellschaft lässt sich diese Frage wohl bejahen. Zwar stehen Frauen heute beispielsweise in der Arbeitswelt noch längst nicht überall mit den Männern auf gleicher Augenhöhe und noch zu oft bedarf es ausdrücklicher gesetzlicher Regelungen, um Frauen die gleichen Rechte einzuräumen wie Männern. Aber das in der frühen Neuzeit übliche Rollenverständnis von Männern und Frauen wäre jedenfalls heute so nicht mehr vorstellbar.

Heinrich VIII. hielt sich vordergründig nur an die damals üblichen Gepflogenheiten. Er erwartete von seinen Ehefrauen Unterordnung und Demut, lehnte jede Art von Aufbegehren und eigener Meinung strikt ab und duldete keinen Widerspruch gegen seine Entscheidungen; ganz so, wie es die Ehemänner seiner Zeit in allen Schichten des Volkes mehr oder weniger ausgeprägt taten.

Er war in gewisser Weise aber auch gefangen in den Konventionen und Regeln, die ihm die Königswürde und das Leben am Hof abverlangten. Man erwartete eben vom Regenten des Landes, dass er mit starker Hand regierte, sich mit einer schönen Frau schmückte, die einen männlichen Thronerben zur Welt brachte und dass er allem, was seine Macht gefährdete, entschlossen entgegentrat. Allerdings bedeutet das Fehlen einer nennenswerten öffentlichen Kritik an Heinrichs Umgang mit den (Ehe-) Frauen nicht, dass das Volk mit seinem Verhalten einverstanden war. Laute Kritik am König stand unter Strafe und wurde streng geahndet.

Dennoch unterschied sich sein Verhalten insoweit von der damals gängigen Norm, als er seine Frauen wie eine Sache benutzte, die er hegte und pflegte, solange sie ihm nützlich war und die er wegwarf, wenn er sie nicht mehr gebrauchen konnte. Meiner Meinung nach war er zu wirklicher Liebe und Zuneigung überhaupt nicht fähig. Zwar war er den Frauen sehr zugetan, er ließ, wie man heute sagen würde, 'nichts anbrennen', aber er ordnete alles Gefühlsmäßige stets der Sorge um den Machterhalt unter. Er konnte ebenso leidenschaftlich und warmherzig wie abweisend und kalt sein. Aber unter seinen vielen Ehen dürfte nur die mit Katharina von Aragon die einzige gewesen sein, die man - zumindest in den ersten Jahren - als Liebesbeziehung bezeichnen konnte. Alle übrigen waren wie gesagt nur dazu da, ein bestimmtes Ziel zu erreichen. Mit Liebe und Achtung vor dem Wesen und der Person seiner Ehefrauen hatten sie jedenfalls nichts mehr zu tun. So gesehen hätten Frauenrechtlerinnen, wenn es sie denn damals schon gegeben hätte, in Heinrich VIII. ihr ideales Feindbild gefunden.

Bibliographie

Literaturquellen:

Gregory, Philippa (2006): *Das Erbe der Königin*; Originaltitel: *The Boleyn Inheritance*, deutschsprachige Ausgabe 2010, Verlagsgruppe Lübbe GmbH & Co. KG.

Massie, Elizabeth (2009), nach der Serie von Michael Hirst: *Die Tudors – König und Dame*, Originaltitel: *The Tudors*, deutschsprachige Ausgabe 2009, Verlagsgruppe Random House GmbH, München.

'P.M. History – Monatsmagazin für Geschichte', Ausgabe März 2010, S. 25-37 und 44-48, Verlagsgruppe Gruner+Jahr AG & Co. KG, Hamburg.

Internetquellen:

http://de.wikipedia.org/wiki/Heinrich_VIII._(England); entnommen am 23.08.2010

http://de.wikipedia.org/wiki/Haus_Tudor; entnommen am 23.08.2010

http://de.wikipedia.org/wiki/Kirche_von_England; entnommen am 23.08.2010

http://de.wikipedia.org/wiki/Katharina_von_Aragon; entnommen am 22.10.2010

http://de.wikipedia.org/wiki/Anne_Boleyn, entnommen am 22.10.2010

http://de.wikipedia.org/wiki/Jane_Seymour; entnommen am 22.10.2010

http://de.wikipedia.org/wiki/Anna_von_Kleve, entnommen am 22.10.2010

http://de.wikipedia.org/wiki/Catherine_Howard; entnommen am 22.10.2010

http://de.wikipedia.org/wiki/Catherine_Parr; entnommen am 22.10.2010

BEI GRIN MACHT SICH IHR
WISSEN BEZAHLT

- Wir veröffentlichen Ihre Hausarbeit,
  Bachelor- und Masterarbeit

- Ihr eigenes eBook und Buch -
  weltweit in allen wichtigen Shops

- Verdienen Sie an jedem Verkauf

Jetzt bei www.GRIN.com hochladen
und kostenlos publizieren